SEELENPARTNER-RATGEBER – Gabriele Hannemann

„War dieser Tag nicht dein Freund, dann war er wenigstens dein Lehrer."
(Unbekannt)

Gabriele Hannemann

SEELENPARTNER-RATGEBER

© 2014 by Gabriele Hannemann
3. überarbeitete Neufassung

Layout: Gabriele Hannemann
Lektorat: Karina Kilian
Bildnachweis: Fotolia.com

© piumadaquila.com, © Zara Gzraryan, © Jan Engel, © o_april, © styleuneed, © pilarts, © Maruba, © pico

Herstellung und Verlag: BoD – Books on Demand, Norderstedt

ISBN: 978-3-7357-2110-5

Hinweise:

Die Inhalte dieses Buchs unterliegen dem Urheberrecht. Jegliche Verwertungshandlung oder Bearbeitung bedarf der Zustimmung der Autorin Gabriele Hannemann.

Bitte beachte, dass alle Angaben und Hinweise in diesem Buch spirituell-subjektiver Natur sind und keinerlei Erfolgsversprechen damit einhergeht. Insbesondere können die Ratschläge dieses Buchs keine notwendige ärztlichen oder therapeutischen Maßnahmen ersetzen.

INHALTSVERZEICHNIS:

EINLEITUNG 7

  Wenn bei euch die Rollen vertauscht sind 8
  Woran erkenne ich, dass ich die Rolle des weiblichen
  Seelenpartners übernehme? 9

DIE ERSTEN BEGEGNUNGEN MIT DEM
SEELENPARTNER 9

  Nach den ersten Begegnungen 11
  Warum zieht sich der Seelenpartner zurück? 11
  Warum leidet sie am Anfang meist so lange? 13
  Die Energie des Seelenpartners 15
  Gefühle „Höllische" Seelenqualen 16

LERNAUFGABEN DES WEIBLICHEN
SEELENPARTNERS 17

  Worauf oder wem darf sie vertrauen? 20
  Selbstliebe 21
  Die Hindernisse am Anfang des Weges 23
  Warum das Loslassen für den für den weiblichen
  Seelenpartner oft so schwer ist 26
  Den Alltag meistern 28
  Wahre Liebe oder Abhängigkeit? 29

LERNAUFGABEN DES MÄNNLICHEN
SEELENPARTNERS 30

VERHALTENSWEISEN, DIE SIE MÖGLICHST
GEGENÜBER DEM MÄNNLICHEN SEELENPARTNER
VERMEIDEN SOLLTE, WENN SIE SICH NOCH IN DER
BEDÜRFTIGKEIT ZU IHM BEFINDET 35

FRAGEN UND ANTWORTEN 36

   Wie erkennt man den Seelenpartner? 36
   Warum geht sie zuerst durch diese Art von
   "höllischen" Seelenqualen? 37
   Warum fällt sie immer wieder in dieses Loch? 39
   Was kann man machen, wenn man wieder Zweifel
   bekommt? 39
   Wo und wann bekommt man die „Zeichen"? 40
   Wenn die Partnerschaft das Ziel ist 42
   Das Erleben in der harmonischen
   Seelenpartnerschaft 43
   Wenn der Weg der Entwicklung das Ziel ist 44
   Woan erkennt man, dass bestimmte Lernaufgaben
   beeendet sind? 45
   Wann kommt er auf sie zu? 45
   Wenn sich der männliche Seelenpartner auf andere
   Frauen einlässt 47

MEINE ARBEIT UND ERREICHBARKEIT 50

♥♥♥ EINLEITUNG ♥♥♥

Dieser Ratgeber ist gedacht für all diejenigen, die mehr über das Thema Seelenverbindungen und deren Lernaufgaben erfahren möchten. Sicherlich werden sich im Text einige wiederfinden. Bei all diesen Dingen, die ich in diesem Ratgeber und in meinen Büchern beschreibe, handelt es sich selbstverständlich nur um Empfehlungen.

Spiritualität lehrt uns in erster Linie, die volle Verantwortung für das eigene Denken, Fühlen und Handeln zu übernehmen. In diesem Ratgeber sind keine allgemeingültigen Rezepte beschrieben, die besagen, dass es nur auf diese Art funktionieren kann. Es sind vielmehr Anregungen, bei sich selbst hinzusehen. Sie können eine wertvolle Hilfestellung sein, falls man sich gerade in einer schwierigen Seelenverbindung befindet. In der eigenen Bedürftigkeit sieht man oft den Wald vor lauter Bäumen nicht mehr und man legt merkwürdige Verhaltensweisen gegenüber dem Seelenpartner an den Tag. Mit der Lösung des ganzen Rätsels durch diesen Ratgeber wird es dir auch möglich, Verständnis für das Verhalten des anderen zu entwickeln. Du wirst dich selbst in ihm wie in einem Spiegel erkennen lernen, um deine Gefühle und hinderlichen Muster zu heilen.

Mein Anliegen ist es, den Menschen weiterzuhelfen und Lernthemen im Leben so zu erklären, dass der menschliche Verstand dies begreifen kann. Ist dies erst einmal geschehen, wird es in der Praxis schnell umsetzbar. Dadurch wird es in manchen Situationen, in denen man meint ewig zu stecken, wieder leichter voranzukommen. Außerdem hilft das bewusste Verstehen dabei, weniger Wiederholungssituationen anzuziehen und diese statt dessen auf die bestmöglichste Art zu heilen und zu transformieren.

Jeder Einzelne ist dabei aufgefordert, den Weg einzigartiger Entwicklung zu beschreiben. In der Seelenpartnerverbindung ist es wichtig, seine eigenen Erfahrungen zu machen. Man braucht dabei keine Angst zu haben, etwas falsch machen zu können. Es geht nämlich hauptsächlich darum, sich weiter zu entwickeln und bestimmte Eigenschaften der eigenen Persönlichkeit zu erforschen.

Hierbei gibt es kein richtig oder falsch, sondern lediglich urteilsfreie Seelenerfahrungen. Dadurch, dass ich die Verbindung mit einem Seelenpartner selbst erlebt habe, konnte ich mit diesem Thema sehr gut meine Erfahrungen sammeln. Viele der genannten Situationen habe ich selbst durchlebt oder bei anderen Seelenverbindungen beobachten dürfen, um selbst noch weiteres zu erfahren.

In diesem neu überarbeiteten Seelenpartner-Ratgeber sind die wichtigsten Themen der Seelenverbindungen kurz zusammengefasst und auf den Punkt gebracht. Zusätzliche Informationen und Aspekte beschreibe ich in meinen Büchern ausführlicher und führe in die Tiefen der Themen.

WENN BEI EUCH DIE ROLLEN VERTAUSCHT SIND

Aus meiner Beratertätigkeit kenne ich einige Fälle, bei denen die beschriebenen Rollen in der Seelenpartnerschaft genau vertauscht sind. Dann bist du eventuell der Mann und deine Seelenpartnerin zieht sich zurück, um die im Ratgeber beschriebenen Eigenschaften des männlichen Seelenpartners einzunehmen. Genauso gut kann es auch vorkommen, dass ihr beide Gleichgeschlechtlich seid.

Bei der in meinem Ratgeber geschilderten Geschichte und Entwicklung der Seelenpartner gehe ich davon aus, dass in der deutlichen Mehrzahl der Fälle die Frauen ihre Rollen als weiblicher und die Männer ihre Rolle als männlicher Seelenpartner einnehmen. Sollte es in deinem Fall genau andersherum sein oder solltest du

Teil einer gleichgeschlechtlichen Beziehung sein, bitte ich dich, bei meinen Beschreibungen einfach ein wenig umzudenken. Wer welche Rolle übernimmt, erkläre ich im nächsten Abschnitt.

WORAN ERKENNE ICH, DASS ICH DIE ROLLE DES WEIBLICHEN SEELENPARTNERS ÜBERNEHME?

- *Wenn du derjenige bist, der sich bewusst mit den Gegebenheiten der Seelenverbindung auseinandersetzen möchte.*
- *Wenn du alles an dieser Verbindung hinterfragst.*
- *Wenn du derjenige bist, der immer wieder auf den anderen zugeht.*
- *Wenn du immer wieder unter dem Rückzug des anderen leidest.*
- *Wenn du das Gefühl hast, du kannst ohne den anderen nicht sein.*
- *Wenn du sehr ungeduldig bist und der andere anscheinend sehr viel Geduld hat.*
- *Wenn du immer wieder am Verhalten des anderen zweifelst.*
- *Wenn du derjenige bist, der den anderen nicht loslassen (freilassen) kann.*

Kannst du fast alle diese Fragen mit „Ja" beantworten, dann übernimmst du mit größter Wahrscheinlichkeit die Rolle des weiblichen Seelenpartners.

DIE ERSTEN BEGEGNUNGEN MIT DEM SEELENPARTNER

Das Thema Seelenpartner ist sehr umfassend. Wenn einem der Seelenpartner im eigenen Leben begegnet ist, stellt dies häufig eine große Herausforderung dar. Meistens sind mit der Seelenpartnerverbindung eine ganze Menge Lernaufgaben verbunden. Für den weiblichen Seelenpartner, der am Anfang dieser Begegnung oft mehr leidet, ist dies nicht immer ganz einfach. Ihr Leid entsteht dadurch, dass der männliche Seelenpartner sich ziemlich schnell wieder von ihr distanziert und sich gegensätzlich zu dem verhält, was er zu ihr sagt.

Die meisten erkennen sich durch die Liebe auf den ersten Blick, die auf beiden Seiten vorhanden ist. Anderen fällt es erst nach einigen Treffen auf, dass hier starke Liebe und Vertrautheit mit im Spiel ist.

Beide wundern sich, warum sie einem wildfremden Menschen so viele private/intime Dinge aus ihrem Leben erzählen, denn es ist zwischen beiden eine starke Vertrautheit vorhanden. Das erste Wiedererkennen läuft ganz automatisch ab. Beide haben oft das Gefühl, den anderen bereits zu kennen, obwohl sie diesem im jetzigen Leben noch nie begegnet sind.

In solchen Fällen kennen sich die beiden Seelen bereits aus einem oder mehreren früheren Leben. Bei einer solchen Begegnung ist es keine Seltenheit, dass man sich dabei fühlt, als sähe man sich selbst in die Augen und als stehe man sich selbst leibhaftig gegenüber.

NACH DEN ERSTEN BEGEGNUNGEN

Der männliche Seelenpartner zieht sich nach dem ersten Treffen oder nach kurzer Zeit meist komplett zurück. Er begreift überhaupt nicht, was da passiert ist. Er versteht sozusagen die Welt nicht mehr, da er so etwas gefühlsintensives noch nie zuvor in seinem Leben erlebt hat.

Dem weiblichen Seelenpartner geht es dabei zwar sehr ähnlich, jedoch zieht sie sich dabei nicht zurück, sondern möchte auf ihn zugehen. Auch sie versteht die Welt nicht mehr so ganz, merkt aber sehr schnell, dass es sich bei diesem Mann um den absoluten Traummann für sie bzw. ihren Seelenpartner handelt. Sie leidet sehr unter seinem Rückzug und spürt meistens sehr stark – sogar über weite Entfernung - wenn er sich unwohl fühlt.

WARUM ZIEHT SICH DER SEELENPARTNER ZURÜCK?

Wenn beide Seelenpartner sich das erste Mal begegnen, werden in diesem Moment enorme Energien miteinander ausgetauscht. Es reicht völlig, sich in der Nähe des Seelenpartners aufzuhalten, denn dieser Energieaustausch ist nicht körperlicher, sondern geistiger Natur, weshalb diese Seelenenergien auch über große Entfernungen wahrnehmbar sind.

Ist der erste Kontakt zum Seelenpartner erst einmal hergestellt, spürt sie seine Seelenenergie und Stimmungen auch über große Entfernungen.
Hierbei können oft körperliche Besonderheiten als Begleiterscheinung des energetischen Austauschs zwischen beiden zustande kommen. Dies können beispielsweise sein: Nasejucken, Kribbeln des Ohrläppchens, Klingeln im Ohr und Ähnliches. In der Mehrzahl besteht zwischen beiden eine telepathische Verbindung, was bedeutet, dass sie wissen oder spüren, was im anderen vor sich geht oder was dieser gerade macht.

Wie stark dies beide Seelenpartner spüren, hängt ganz von der jeweiligen Entwicklung, Reife, dem Fortschritt ihrer Lernaufgaben und der Stärke ihrer Verbindung zueinander ab.

Um mit diesem Energieaustausch leichter umgehen zu können, dürfen beide Seelenpartner sich energetisch aneinander anpassen. Dies ist unter anderem auch der Grund, warum solche Verbindungen sich zu Beginn erst einmal zeitlich hinziehen können. Beide Seelenpartner besitzen zwar sehr ähnliche Seelenenergien und strukturen, da diese Energien sich aber so bekannt und ähnlich sind, kann der Verstand dieser Seelen dies häufig erst einmal nicht einordnen. Dies ist oft ein Zusammenprallen vieler Ähnlichkeiten und Synchronizitäten, sodass es beide Seelenpartner komplett durcheinander wirbeln und verwirren kann. Die eine Seele reagiert hierbei meistens mit Rückzug (durch unbewusstes Erkennen der anderen bekannten Seele, wodurch bei dieser Seele dann oft Angst entsteht), die andere Seele reagiert häufig mit riesiger Euphorie, was diese Seele sehr schnell dazu neigen lässt energetisch auf den anderen zu massiv zuzugehen.

Auf Grund dieses Wiedererkennens entwickelt sich bei beiden Seelenpartnern eine fast unausweichliche Anziehungskraft – meist auch sexueller Natur. Ein Entkommen ist hier kaum mehr möglich. Infolge dessen entsteht oft ein Wechsel zwischen unregelmäßigen Begegnungen und wiederkehrenden Pausen. Somit können sich die Energien beider Seelen immer mehr aneinander gewöhnen und sich ihre Lernaufgaben bewusst machen.

Da besonders der männliche Seelenpartner mit diesen Energien am Anfang nicht umgehen kann,
geht er somit schnell auf Distanz zu seinem weiblichen Seelenpartner. Er versteht nicht, was hier passiert und vor sich geht. Er glaubt nicht an die reale Existenz einer solch für ihn perfekten Frau, da dies für ihn bisher nur Traumvorstellungen waren. Durch den Rückzug von ihr, schafft er es besser, sich innerlich zu ordnen und wie-

der einigermaßen Boden unter den Füßen zu bekommen.

Häufig ist er noch an eine Partnerschaft oder Ehe gebunden, und er beginnt sehr schnell seinen Verstand und sein Pflichtbewusstsein wieder einzuschalten. *Hierzu später mehr.*

Beide Seelenpartner bemerken sehr schnell, dass sie füreinander genau das wären, was sie sich immer unter ihrem „Traumpartner" vorgestellt haben und dass sie sich in allen Bereichen gegenseitig ergänzen könnten. Der männliche Seelenpartner schiebt dies erst einmal von sich und will es nicht wahrhaben – obwohl er es im Inneren doch spürt. Der weibliche Seelenpartner möchte diese Traumbeziehung im Gegensatz so schnell wie möglich mit ihm leben und genießen.

WARUM LEIDET SIE AM ANFANG MEIST SO LANGE?

Der weibliche Seelenpartner leidet zu Beginn oft sehr. Sie trägt am Anfang die ganze Energie des oft noch unbewussten männlichen Seelenpartners mit und durchfühlt sozusagen seine ungelösten Muster und unterdrückten Gefühle, bis er überhaupt erst einmal in die Gänge kommen kann. Wie lange ihr Leid anhält, bestimmt sie selbst mit. Sobald sie sich ihren eigenen Lernaufgaben stellt, anstatt diese zu verdrängen oder sich dagegen zu wehren, geht ihre Entwicklung voran und sie erfährt immer mehr Leichtigkeit und Selbstheilung. Wehrt sie sich gegen ihre Lernaufgaben, kann der Heilungsprozess der Seele umso länger andauern.

Genaue Zeiträume kann ich hierzu nicht nennen, denn diese können zwischen Wochen, Monaten, Jahren und in seltenen Fällen auch sogar manchmal Jahrzehnten liegen. Diese Zeit fühlt sich für sie oft wie "höllische" Seelenqualen an, welche dadurch entstehen, dass er sich in dieser Zeit meist komplett von ihr zurückzieht.

Durch seinen Rückzug werden bei ihr alte Schattenseiten und niedere Muster aktiviert, um an die Oberfläche zu gelangen, damit sie sich diese ansehen und sie heilen kann. Würde sie ihre alten Muster, Verhaltensweisen und Schattenseiten nicht transformieren, käme sie nur schwer in ihrer weiteren Entwicklung voran.

Alte unangenehme Muster, Schattenseiten und niedere Verhaltensweisen sind beispielsweise: Eifersucht, Selbstzweifel, Opferrolle, Selbstmitleid, Selbsthass, mangelnder Selbstwert, Ungeduld, Kontrollsucht, Schuldgefühle, (Co-)Abhängigkeit, Zweifel, Angst vor falschen Entscheidungen, Misstrauen, Zwiespältigkeit, Angst vor Nähe, Angst vor Bindung, Neid, Rachegelüste, Wollust, Bedürftigkeit, usw. Diese können bewusst oder unbewusst vorhanden sein.

Bei den ersten gemeinsamen Begegnungen ist der männliche Seelenpartner häufig noch an eine Ehe oder Partnerschaft gebunden, die schon lange nicht mehr richtig funktioniert und möglicherweise durch Selbstzwang zusammengehalten wird, wodurch er sich jedoch nur selbst etwas vormacht.
Genauso kann diese Partnerschaft mittlerweile auch eine Gewohnheit sein oder ein Prestige, das beide nach außen darstellen möchten. Ebenso ist es möglich, dass die Verbindung durch eine Beeinflussung von Außen zusammengehalten wird. Einer von beiden oder vielleicht sogar beide könnten auch an einem Versprechen festhalten, dass sie sich vor langer Zeit gegeben haben.

Häufig zu beobachten ist auch, dass der männliche Seelenpartner sich an die über Jahre aufgebaute Sicherheit, gemeinsame Sorge für die Kinder oder an die gemeinsame Vergangenheit klammert. Diesbezüglich macht er sich selbst lange etwas vor, da er enorme Angst hat, alles zu verlieren und zum Schluss im Familien- und Bekanntenkreis auch noch als „Bösewicht" dazustehen.

In einer solchen Ehe oder Partnerschaft habe ich häufig beobachtet, dass die Noch-Ehefrau des männlichen Seelenpartners sehr dominant ist und
nur noch ein Zusammenwohnen, aber kein wirkliches Zusammenleben mehr existiert. Auch besteht die Möglichkeit, dass beide schon physisch, aber noch nicht auf dem Papier voneinander getrennt sind. In seltenen Fällen ist der männliche Seelenpartner bei der ersten Begegnung Single, hat aber zu diesem Zeitpunkt oft noch eine ungelöste Mutterbindung oder eine Beziehung zu einer Ex-Partnerin innerlich noch nicht verarbeitet. Es kann auch vorkommen, dass er sich zu einem späteren Zeitpunkt auf eine oder mehrere Frauen einlässt, was in Wirklichkeit einen bestimmten, tieferen Sinn hat. *Warum er dieses macht, erkläre ich später.*

DIE ENERGIE DES SEELENPARTNERS

In der Zeit, in der sich die beiden Seelenpartner nicht sehen, besteht trotzdem ein sehr starkes emotionales Band zwischen ihnen, über das sehr viele Emotionen und Stimmungen des anderen bewusst oder unbewusst aufgenommen werden. Ebenfalls begegnen sich viele Seelenpartner, die im realen Leben wenig Kontakt miteinander haben, auf der Traumebene, um sich dort weiter ihren Lernaufgaben zu widmen.

Wenn es ihm nicht gut geht, dann merkt sie das oft sehr schnell und ist sich dessen bewusst. Dadurch fühlt sie sich dann auch nicht mehr gut, denn sie hat noch nicht richtig gelernt, sich von seinen niederen Energien abzugrenzen (niedere Energien entstehen beispielsweise dadurch, dass er sich mit Selbstzwang zurückhält auf sie zuzugehen, obwohl seine Seele und sein Herz dies gerne möchten). In manchen Fällen spürt sie sein Unwohlsein nicht bewusst und wundert sich, warum es ihr schlecht geht, obwohl nicht immer ein Grund vorhanden ist.

Sollte es umgekehrt ihr einmal schlecht gehen, fällt ihm dies oft nicht gleich auf. Im Gegensatz zu ihr merkt er meistens zu Anfang nicht, dass dies mit ihr zu tun hat, sondern er meint, es gehe ihm schlecht, auf Grund das er sich überarbeitet hat, oder dass er keinen guten Tag erwischt hat.

GEFÜHLTE „HÖLLISCHE" SEELENQUALEN

Am schlimmsten wird es dann, wenn einer der beiden Partner anfängt, den anderen zu vermissen. Der andere spürt es unbewusst und beginnt auch, den Partner zu vermissen. Das kann für den weiblichen Seelenpartner sehr schmerzhaft sein, da sie ja zu Beginn die meiste Energie für ihn mitträgt, bis er endlich mal in die Gänge kommt. Dieses gegenseitige Sehnsuchtsgefühl wird immer schlimmer und unerträglicher für sie, da es von beiden Seiten kommt, und dadurch sozusagen verdoppelt und verdreifacht wird. Das kann so schlimm für den weiblichen Seelenpartner werden, dass sie das Gefühl hat, es reiße ihr den Boden unter den Füßen weg. Bei manchen ist es sogar so ausgeprägt, dass sie überlegt, sich in eine Psychiatrische Anstalt einweisen zu lassen oder sogar tatsächliche Todessehnsucht bekommen kann.

Diese Energien beruhigen sich zwar wieder, aber sie können auch so oft wiederkommen, bis sie gelernt hat, damit umzugehen und diese Gefühle annimmt, um Selbstwert und Urvertrauen daraus zu entwickeln.

LERNAUFGABEN DES WEIBLICHEN SEELENPARTNERS

In erster Linie gilt es für sie Geduld und Vertrauen zu lernen, denn ein Seelenpartner lässt oft lange auf sich warten. Dies sind die schwersten Lernaufgaben für sie. Würden sie ihr leicht fallen, wären es ja schließlich keine.

Das Verhalten und die Situation mit dem Seelenpartner anzunehmen darf sie ebenfalls lernen. Nur durch bedingungslose Annahme kann Liebe und Transformation entstehen. Denn ein im „Vertrauen loslassen", wie es viele nennen, bedeutet nicht, den Seelenpartner loszulassen oder nicht an diese besondere Verbindung zu glauben, sondern die Situation wie sie ist in dem Wissen, dass alles seine Richtigkeit hat und nichts umsonst geschieht.

Das, was sie ablegen darf, sind die bedürftigen Erwartungen, das Warten und die Sucht nach dem Seelenpartner, da diese Energien den männlichen Seelenpartner unbewusst wegtreiben, anstatt ihn anzuziehen. Um diese niederen Energien freilassen zu können, ist die Voraussetzung, dass sie diese innerlich zuerst annimmt und akzeptiert. Nichts kann frei- und losgelassen werden, was vorher nicht angenommen wurde. Die Annahme solcher Schattenseiten an sich selbst bedeutet wiederum, mehr in Richtung Selbstliebe zu gehen. Befindet man sich nicht in der Selbstliebe, kann auch keine Bestätigung im Außen oder durch den Seelenpartner erfolgen.

Das Annehmen der Situation bedeutet nicht, den Seelenpartner durch die Suche eines anderen Partners zu ersetzen, um sich von dem Leid oder den Ängsten in Bezug auf den Seelenpartner abzulenken. Dies würde nämlich bedeuten, dass die Lernaufgaben nicht verstanden wurden und das Problem würde somit nur verlagert werden.

Falls das Universum einen neuen Partner schickt, so stellt dieser mit großer Wahrscheinlichkeit einen Prüfungskandidaten dar. Hierbei stellen sich dieselben Lernaufgaben wie bei dem eigentlichen Seelenpartner.

Für die meisten weiblichen Seelenpartner ist es sehr schwer, sich für einen neuen Mann zu öffnen, wenn noch eine starke Fixierung zum männlichen Seelenpartner besteht. Währenddessen der männliche Seelenpartner sich für eine andere Frau leichter öffnet, um sich abzulenken und weiter seine Gefühle zu verdrängen. Da diese neue Frau sich nicht bedürftig verhält, ruft dies keine großen Ängste in ihm hervor. Er bekommt nicht das Gefühl überrollt, eingesperrt oder eingeengt zu werden bzw. sich rechtfertigen zu müssen.

Oft projiziert der männliche Seelenpartner Gefühle auf diese neue Frau, die in Wirklichkeit für seine Seelenpartnerin empfunden werden. Das läuft beim männlichen Seelenpartner nicht bewusst ab. Er hat einfach zu große Angst, sich bei der Seelenpartnerin etwas vorzumachen. Dabei macht er sich in Wirklichkeit bei dieser neuen Frau etwas vor. Meistens wird ihm dies erst später klar und dient wiederum seiner Weiterentwicklung. Unter Umständen kann er durch die Erfahrung mit einer anderen Frau etwas lernen oder sich für etwas öffnen, was er mit dem weiblichen Seelenpartner auf Grund ihrer eigenen Lernprozesse zu dieser Zeit noch nicht könnte. Gleichzeitig zeigt er ihr damit auf unterbewusste Weise, wie sie ihre Lernaufgaben anzugehen hätte.

Wenn der weibliche Seelenpartner einen neuen Mann kennenlernt, dann weist sie diesen meistens ab, da ihr Wunsch ja die Partnerschaft und Nähe mit dem Seelenpartner ist. Dabei könnte sie aber übersehen, dass durch den neuen Partner auch eine Weiterentwicklung bei ihr möglich wäre. Ebenfalls könnte sie durch den neuen Partner besser auf die Verbindung mit dem Seelenpartner vorbereitet werden. Letztendlich geht es darum zu lernen, seine alten Muster abzulegen und sie durch eine vom Universum kreierte Situation oder ein Ereignis, zu erkennen und zu heilen.

Denn keiner der beiden weiß, welche Lernaufgaben noch zu meistern sind, damit ein harmonisches Miteinander in der Seelenpartnerschaft überhaupt erst möglich wird. Dass beiden oft erst einmal ein anderer Partner geschickt wird, ist kein Zufall.

Ein Großteil der Seelenplan-Ziele kann auch vor der Seelenpartnerschaft mit anderen Menschen erreicht werden, mit denen man dieses auf Erden vereinbart hat. Sonst wären in der Seelenpartnerschaft noch mehr schmerzhafte Aufgaben zu erledigen.

Für sie wäre es ratsam, sich nicht zwanghaft auf einen anderen Mann einzulassen - nur um sich bestätigt zu fühlen - für den sie überhaupt keine Gefühle hat. Prüfungskandidaten erkennt man unter anderem auch daran, dass sich ebenfalls Gefühle entwickeln, auch wenn die Gefühle zum Seelenpartner stärker und von der Intensität natürlich nicht vergleichbar sind.

Wenn bei ihr Gefühle vorhanden sind, geht es darum zu lernen, den Mann um sie werben zu lassen und nicht gleich auf eine Beziehung oder Intimitäten mit ihm einzulassen (Repräsentation des eigenen Selbstwertes und der Weiblichkeit). Wenn sich noch nicht einmal ein anderer Mann um sie bemühen kann, da sie es nicht zulässt, wie soll sich dann der eigentliche Seelenpartner um sie bemühen? Deshalb wird ihr so oft ein neuer Mann geschickt, bis sie gelernt hat, um sich werben zu lassen.

WORAUF ODER WEM DARF SIE VERTRAUEN?

Den Weg der Seelenverbindung zu gehen bedeutet für sie, das Urvertrauen wieder zu lernen. Das Vertrauen mit welchem wir bereits geboren wurden und welches wir im Laufe der Zeit oft durch die Erziehung und auch andere Erfahrungen und Prägungen verlernt haben.

Dem männlichen Seelenpartner von Anfang an zu vertrauen ist selten möglich, wenn er sich sehr widersprüchlich ihr gegenüber verhält oder sich selbst noch belügt. Das Vertrauen zum Seelenpartner wird meistens erst während der letzten Phasen, welche die Seelenpartner durchlaufen, erlernt. Es geht vielmehr darum, zuerst einmal das Vertrauen in die Göttliche Ordnung (zum Schöpfer der Liebe von allem was IST) und die innere Führung wieder zu erlangen und anzunehmen.

Die Seelenpartnerverbindung wird bereits vor dem Leben vereinbart und arrangiert, um zu lernen, sich wieder führen zu lassen und sich selbst zu fühlen. Alles, was zwischen den Seelenpartnern passiert, ist genau so richtig und es kann nichts erzwungen und manipuliert werden, da Liebe immer fließt, annimmt und bedingungslos ist. Nur durch Liebe kann Liebe entstehen und wachsen wie eine Blume. Gleiches zieht immer Gleiches an.

Je mehr der weibliche Seelenpartner die Dinge annimmt und fließen lässt, in dem Vertrauen, dass alles seine Richtigkeit hat und auch zum richtigen Zeitpunkt vorangehen und entstehen wird, desto schneller wächst sie in ihren Lernaufgaben. Damit können die vereinbarten Seelenziele mit dem Seelenpartner oft leichter und harmonischer erreicht werden. Nur dadurch kann sie lernen, bei sich selbst zu bleiben, bei sich selbst hinzusehen und sich erst einmal zu entwickeln. Je mehr sie darauf wartet, dass er sich entwickelt und auf sie zukommt, desto länger werden ihre Lernaufgaben sicherlich andauern und sie wird die Schuld oder Gründe dafür immer wieder im Außen suchen, anstatt auf das zu vertrauen, was sie in ihrem Inneren wahrnimmt, um damit bei sich selbst und ihren eigenen Lernaufgaben zu bleiben.

> „Erst wenn du an die Quelle deiner Weisheit gelangt bist, erkennst du die Lächerlichkeit von Raum und Zeit."
> (Unbekannt)

SELBSTLIEBE

Die Selbstliebe ist die Voraussetzung dafür, einen anderen Menschen zu lieben und auch selbst geliebt werden zu können. Denn wir können nichts im Außen finden, was wir nicht zuvor in unserem Inneren gefunden haben. In der Selbstliebe zu sein bedeutet, bedingungslos „ja zu sich selbst" zu sagen und sich gut zu pflegen. Sich selbst so anzunehmen, wie man gerade ist und sich selbst so zu behandeln, wie man von anderen gerne behandelt werden möchte.

Begegnet der weibliche Seelenpartner nun dem männlichen, begibt sie sich zu Beginn immer wieder gerne in das Wartezimmer und vergisst sich dabei oft selbst. Immer wieder fällt sie in diesen Wartezustand hinein, bekommt in ihrem Alltag lange Zeit nichts auf die Reihe, hat oft das Gefühl, ohne ihn nicht leben zu können, da sich ihr ganzes Leben nur noch um ihn dreht. Dieses hat zwar wenig mit Selbstliebe zu tun, aber genau durch diese immer wiederkehrenden Situationen lernt sie, mit der Zeit immer mehr ihren Selbstwert und ihre Selbstliebe zu entwickeln. Irgendwann wird ihr klar werden, was sie da eigentlich macht, wie viel Energie sie verschwendet und wie viel ungenutzte Zeit an ihr vorbeirauscht.

Denn dieses leidige oder bedürftige Warten auf den Seelenpartner bedeutet gleichzeitig, auf ihre eigene Weiterentwicklung zu warten.

Beginnt sie jetzt, sich selbst zu beobachten und in ihrer Entwicklung voran zu schreiten, erkennt sie auch, dass es sich hierbei um einen Spiegel (unbewusste Verhaltensweise des männlichen Seelenpartners ausgelöst durch ihre unbewussten Muster die sich in ihrem Energiefeld befinden) handelt, der ihr zeigen möchte, wie sie sich letztendlich selbst behandelt.

Verändert sie nun die Situation, indem sie den sogenannten Spiegel dafür nutzt, sich genau das selbst zu geben, was sie von ihrem Seelenpartner oder auch von anderen Menschen so gerne möchte, wird sie immer mehr in ihre eigene Kraft zurückfinden. Ab da beginnt sie, sich mehr um sich selbst zu kümmern, sich selbst und dadurch auch den männlichen Seelenpartner in seinem Verhalten immer mehr anzunehmen. Dadurch kann die Entwicklung beider Seelenpartner oft leichter vorangehen, denn verändert sie ihre Energie und Verhaltensweise, geht der männliche Seelenpartner unbewusst dazu in Resonanz.

„Nur weil uns ein Stück vom Glück fehlt, sollten wir uns nicht davon abhalten lassen, alles andere zu genießen."
(Jane Austen)

DIE HINDERNISSE AM ANFANG DES WEGES

Würde man diese Hindernisse und Verzögerungen am Anfang des Weges nicht erleben, könnten auch keine Veränderungen in der Zukunft geschehen. Würde man sich immer gleich verhalten, zöge man damit auch immer wieder Wiederholungen an.

Aus diesen Gründen dürfen bei diesen Seelenverbindungen Hindernisse, Schwierigkeiten und oft sogar stärkeres Leid erfahren werden. Nur so können durch eine solche Verbindung die tief liegenden hinderlichen Verhaltensmuster, Schattenseiten und Bedürftigkeiten auf eine Weise hochgeholt werden, wie dies bei keinem anderen Partner möglich wäre.

Durch zuvor kennengelernte Partner werden alte Strukturen und Muster voraktiviert. Dadurch entsteht sozusagen bereits ein Testlauf, ob man tatsächlich schon bereit dazu ist, sich seine ungelösten Themen durch diese Seelenverbindung anzuschauen und dies auch verkraften zu können.

Durch das Aufeinandertreffen der Seelenenergien brechen dann die ganzen tiefsitzenden, restlichen und oft auch verdrängten Anteile, die für das Weiterkommen der eigenen Persönlichkeit wichtig sind, an die Oberfläche, was wichtig ist, um sie heilen zu können. Dass diese Gefühle hochsteigen und aktiviert werden ist von großer Bedeutung, denn sonst würde man nicht an diese alten Muster herankommen, um sie verändern zu können.

Trifft man auf die Seelenverbindung und hat man seine alten Verhaltensweisen noch nicht abgelegt und die eigenen Schattenseiten noch nicht angenommen und transformiert, kann eine harmonische Verbindung oder ein liebevolles Miteinander nicht gelebt werden.

Aus diesen Gründen dürfen sich die Energien der beiden Seelenpartner zuerst langsam aneinander gewöhnen, was Zeit braucht, damit jeder sich erst mit seinen eigenen Schattenseiten auseinandersetzen und diese dadurch heilen kann. Würden beide sofort zusammenkommen oder zu viel und oft miteinander eng zu tun haben, könnte solch eine Verbindung unter Umständen in diesem Leben gar nicht mehr gelebt werden, da alles viel zu schnell geht und so enorm große Ängste entstehen, die dann nur noch selten überwunden werden können. Dies wäre so ähnlich, als ob man eine Knospe frühzeitig aufbrechen würde, wobei die Blüte dann wahrscheinlich nicht ihre Schönheit entfalten kann.

So kann auch bei Seelenpartnern das in beiden zu entwickelnde Potential bei einem zu frühzeitigen Zusammensein nicht zur Entfaltung kommen. Die unvergleichbare und intensive Liebe zueinander würde beiden Partnern dermaßen den Boden unter den Füßen wegreißen, dass sich keiner von ihnen mehr irgendetwas traute.

Einer der beiden würde früher oder später ausbrechen, da es ihm zu heftig und intensiv wird und würde den anderen damit automatisch von sich weisen. Dem einen – meist männlichen Seelenpartner - wird es zu heftig und er kann keine Nähe und keinen Kontakt mehr zulassen. Der andere - meist weibliche Seelenpartner - beginnt an sich selbst und an der Liebe des anderen zu zweifeln, ist zutiefst verletzt und möchte den anderen auch in keinster Weise mehr unter Druck setzen oder einengen. Dieser Partner ist dadurch total verunsichert und weiß absolut nicht mehr, wie er sich verhalten soll. Unter Umständen würde es dann so ausgehen, dass sich keiner mehr traut, zum anderen Kontakt aufzunehmen, da das eigene Leben durch die Anwesenheit des anderen von überwältigenden Achterbahngefühlen durcheinandergewirbelt wird. Der eine will nicht überrollt und festgehalten werden, der andere will sich nicht mehr schlecht fühlen, da er denkt, dass er weggestoßen und missbraucht wird.

Durch die suchtartigen Gefühle, die beide zueinander haben, würden sich beide massiv gefühlsmäßig im anderen verlieren, da noch keiner von beiden bis dahin gelernt hat, bei sich zu bleiben. Oft können erst durch das Hinauszögern dieser Verbindung die Abgrenzung, das Wahrnehmen und Fühlen der eigenen inneren Stimme und die Selbstliebe gelernt werden.

Sollte dies im Extremfall doch einmal passieren, sich im anderen zu verlieren, ist es sehr wichtig, sich erst einmal zurückzuziehen und sich selbst wieder zu finden bzw. sich mit diesem Thema innerlich zu befassen. Durch den eigenen Rückzug und das innere Auseinandersetzen mit dieser Situation können die eigenen Gefühle zu diesen Themen erkannt, zugelassen, angenommen und dadurch geheilt werden. Würden diese nicht gefühlt und somit geheilt werden, könnte die Folge sein, dass beide den Kontakt zukünftig komplett meiden und unterbinden, da der eine nicht festgehalten werden will und der andere an der Liebe zweifelt.

Natürlich kommt es hierbei auch wieder auf die persönlichen Seelenverträge an, die beide miteinander vor dem Erdenleben vereinbart haben, denn es gibt unter anderem auch Seelenpartner, die bei ihrer Begegnung schon sehr reif und bewusst sind. Bei diesen Partnern kann es auch schnell und ohne viele Hindernisse vorangehen, allerdings sind dies oft Menschen, die viele ihrer Schattenseiten und alten Muster in der Vergangenheit bereits transformiert haben. Wenn es also bei vielen Seelenpartnerschaften nicht so geschwind vorwärts geht, so hat dieses seinen Grund und man braucht sich nicht darüber zu ärgern.

Beide Energien dürfen sich tatsächlich erst langsam aneinander gewöhnen, deshalb auch die Steinchen, Steine oder etwas größeren Brocken am Anfang des Weges.

„Der Mensch, der den Berg versetzte, war derselbe, der anfing, kleine Steine wegzutragen."
(chinesisches Sprichwort)

WARUM DAS LOSLASSEN FÜR DEN WEIBLICHEN SEELENPARTNER OFT SO SCHWER IST

Schwer ist es für sie meist deshalb, da sie sich auf das Loslassen, anstatt auf das akzeptierende Annehmen konzentriert. Liebe kennt kein Loslassen, sondern nur ein Annehmen. Je mehr sie sich darin übt, die Situation, das Verhalten und die Entscheidungen des männlichen Seelenpartners – der sich auch in seiner persönlichen Entwicklung befindet - anzunehmen, desto leichter wird es für sie werden. Je mehr sie sich jedoch darauf konzentriert ihn loszulassen, ihn zu verdrängen und aus ihrem Kopf und Herzen zu verbannen, desto mehr Widerstand baut sie gegen das auf, was sie im Grunde NICHT möchte.

Überlege doch mal selbst? Willst du diese Verbindung mit deinem Seelenpartner überhaupt? Willst du diese Gefühle harmonisch erleben und erfahren? Dann ist es erst einmal wichtig, auch das Unangenehme anzunehmen, damit Heilung und Transformation entstehen kann.

Wehre dich nicht mehr gegen ihn oder diese Verbindung und zweifle auch NICHT an dem, was du in deinem Inneren wahrnimmst, sondern lass es zu. Lass dich doch nicht von seinem Verhalten oder dem, was er oder andere sagen irritieren und glaube auch nicht an seinen Selbstbetrug, sondern höre und vertraue auf deine eigene innere Stimme. Oder was glaubst du, warum du ein Gefühl, eine innere Stimme und eine Intuition von Gott bekommen hast?

In dem Moment, in dem du die Dinge, die im Außen oder auch in deinem Inneren auftauchen, annimmst, kann Liebe geschehen. Ab diesem Zeitpunkt beginnt alles zu fließen. In dem Moment, in dem du alles annimmst, wie es ist, vertraust du auch.

Natürlich hat keiner behauptet, dass Annehmen leichter geht als Loslassen, aber wenn es leicht wäre, dürfte es wohl auch kaum nötig sein, es zu lernen. Alle Dinge, die uns im Leben schwer fallen, dürfen gelernt werden, damit eine Weiterentwicklung stattfinden kann.

Leicht kann es dir auch passieren, dass Wut hochkocht, wenn du die ganze Sache mit ihm tatsächlich und wahrhaftig annimmst. Dies ist aber gut und genau richtig so, denn erst wenn eine unschöne Situation angenommen wird, kann unterdrückte oder verdrängte Wut, Enttäuschung oder Traurigkeit an die Oberfläche kommen. Daran erkennst du auch deine authentische Akzeptanz und Annahme. In diesem Prozess ist es sehr wichtig, diese Emotionen anzunehmen und völlig zu fühlen. Am besten suchst du dir ein Ventil dafür, wie beispielsweise:

- *Nimm dir ein Kissen zum rein boxen.*
- *Schrei in deinem Auto oder in ein Kissen so laut wie es nur geht.*
- *Melde dich im Fitnessstudio an, um deine Aggressionen und Wut durch Sport zu ventilieren.*
- *Lege einen Trauertag ein, am besten mit einem schnulzigen Liebesfilm, damit unterdrückte Traurigkeit besser aktiviert und zugelassen werden kann.*

DEN ALLTAG MEISTERN

Für die meisten weiblichen Seelenpartner ist es eine große Herausforderung, nach dem Aufeinandertreffen mit dem Seelenpartner wieder in einen geordneten und normalen Alltag hineinzufinden. Meistens ist sie so dermaßen im Geiste mit ihm beschäftigt, dass sie sich weder auf ihre Arbeit noch auf etwas anderes in ihrem Alltag konzentrieren kann. Sie wacht morgens in Gedanken mit ihm auf und geht abends mit ihm schlafen.

Dies ist eine weitere Lernaufgabe für sie, bei sich selbst und in der Gegenwart zu bleiben, ihre Aufgaben und Projekte voranzubringen und ihre Energie zuerst einmal in sich selbst, ihre Arbeit und ihre Alltagspflichten zu investieren. Dies lernt sie am besten dadurch, dass sich die Seelenpartnerverbindung zeitlich hinziehen kann.
Anfangs verliert sie jede Menge Energie, da ihre Gedanken nur noch um ihn kreisen: Was macht er, was denkt er, wieso zieht er sich zurück, wann meldet er sich, wann findet das nächste Treffen statt, wann geht es in die Partnerschaft?

Kommt sie selbst nicht darauf, dass ihr diese Ablenkung und Nicht-Zentriertheit viel Energie raubt, wird sie automatisch an einen Punkt gelangen, an dem sie tatsächlich zusammenbricht oder kurz davor steht. Aus dieser Lernaufgabe entsteht die Chance, ihren Selbstwert zu erkennen und Stück für Stück in ihn hineinzuwachsen. Wenn sie das geschafft hat, dann hat sie erkannt, dass es wichtig war, durch ihn ihr eigenes Leben, ihre Selbsttäuschungen und ihren Selbstbetrug zu erkennen und sich selbst wieder zu finden. Ab dieser Zeit beginnt sie in ihrem Leben wieder Freude zu erfahren und den Sinn dieser Begegnung zu verstehen und sie als Geschenk wahr- und anzunehmen.

Hat sie diese Begegnung als Geschenk erkannt, findet sie wieder Gelassenheit und Freude in den Dingen die sie gegenwärtig macht. Natürlich kann es immer mal wieder sein, dass sie in ein kleines Loch fällt, aber sie kann damit zu diesem Zeitpunkt meistens leichter umgehen und hat gelernt nicht weiter zu graben, wenn sie bereits in einem Loch sitzt, sondern herauszusteigen und solche Situationen zu meistern.

Natürlich wäre alles viel einfacher und leichter im Alltag zu erledigen, wenn sich nur der männliche Seelenpartner bereits an ihrer Seite befände. So würde sie aber nicht an ihre ungeheilten Gefühle und verborgenen Muster herankommen und es würde somit keine wirkliche Weiterentwicklung stattfinden.

WAHRE LIEBE ODER ABHÄNGIGKEIT?

Wahre Liebe kann niemals im Außen, sondern nur im Inneren gefunden werden.

Hat man die Liebe und Bestätigung (Selbstwert) noch nicht in sich selbst gefunden, werden sich mit einem neuen Partner die eigenen Muster in der Beziehung wiederholen. In sehr ähnlicher Form erlebt man dann wieder die gleichen Verletzungen wie in der Vergangenheit, bis man gelernt hat, die Liebe im eigenen Inneren zu finden und zuzulassen, anstatt im Außen danach zu suchen oder Bestätigung einzufordern.

Mit weiteren Übungspartnern kann man dann seine Machtspielchen, Erwartungen und Forderungen weiter fortführen und ausleben. Dies wird sich erst verändern, wenn man beginnt, sich selbst all das zu geben, was man von seinem Seelenpartner so gerne hätte. Durch die Begegnung mit dem Seelenpartner wird bereits erkannt, was im eigenen Inneren noch fehlt. Beginnt man sich selbst das zu geben, was man von anderen gerne möchte, kann Heilung geschehen und diesbezügliche Wiederholungsmuster gehören somit der Vergangenheit an.

Dies sind die Gründe, weshalb einem das gegenüber als Spiegel dient. Der Partner lässt einen durch sein Verhalten unbewusst vorhandene Muster bei sich selbst erkennen, damit man diese auflösen und heilen kann. Eine Seelenverbindung kommt durch die Heilungsarbeit wieder leichter ins Fließen um auch noch restliche Lernthemen zu meistern.

LERNAUFGABEN DES MÄNNLICHEN SEELENPARTNERS

Die Lernaufgaben des männlichen Seelenpartners bestehen in erster Linie darin, seine Kopflastigkeit abzulegen, und mehr nach seinem Gefühl zu handeln, als nach seinem Verstand.

Ihm erscheinen diese übernatürlichen oder außergewöhnlichen Umstände, die durch die Begegnung mit dem weiblichen Seelenpartner geschehen und entstanden sind unrealistisch, da er sie mit dem Verstand nicht greifen kann.

Er darf lernen, sich für die Einsicht zu öffnen, dass genau diese Seelenpartnerin das passende Ergänzungsstück zu ihm ist und dass sie ihm menschlich alles bieten könnte, was er sich je erträumt hat. Obwohl er dies irgendwie spürt, will er es dennoch nicht wahr haben, und zieht sich zurück, beginnt zu denken und verhält sich total eigenartig. Mit der Zeit wird der männliche Seelenpartner bewusster und kann sich dadurch langsam dem weiblichen Seelenpartner öffnen und ihr etwas näher kommen.

Zusätzlich könnte er zu lernen haben, seinen Selbstbetrug zu erkennen und sich von alten Anschauungsweisen oder von Belastendem zu trennen. Dies kann unter anderem auch eine vorhandene Partnerschaft oder Ehe sein, falls er an dieser mit Selbstzwang, aus Sicherheitsgründen oder aus Gewohnheit festhält bzw. sich aus Angst vor dem Alleinsein an die Vergangenheit klammert.

Es geht hierbei nicht darum, sich aus einer harmonischen und glücklichen Ehe oder Partnerschaft zu trennen, sondern sich tatsächlich von belastenden alten Glaubensmustern und Bedingungen zu lösen. Dazu kann aber unter Umständen auch eine langjährige Partnerschaft oder Ehe zählen, wenn beide Partner sich selbst nur noch etwas vormachen.

Oft werden solche Partnerschaften auch von den eigenen Kindern zusammengehalten oder die Eltern selbst möchten diese Partnerschaft wegen den Kindern nicht trennen. Dabei übersehen Eltern oft die Krankheiten oder Mangelerscheinungen bei den Kindern, die genau dadurch entstehen, dass die Eltern sich ständig streiten oder negative Energien aussenden. Kinder spüren unbewusst, was wirklich los ist und reagieren automatisch darauf bzw. spiegeln das Verhalten der Eltern durch ihre eigene Unzufriedenheit, Hyperaktivität, Überreiztheit oder Krankheit, wenn die Eltern nicht auf ihre Seele hören, sondern an alten Paradigmen und überholten Vorstellungen festhalten.

Natürlich möchten die meisten Kinder auch keine Trennung der Eltern, aber spätestens hier gilt es genau zu überprüfen, was für einen selbst und die Kinder bzw. deren weiteren Weg einfacher ist.

Entweder leiden sie unter den vielen Streitereien der Eltern und bemerken, dass diese sich gar nicht mehr lieben oder sie übernehmen dieselben Verhaltensweisen in ihr späteres Liebesleben, streiten dann ebenfalls oft mit dem Partner bzw. suchen sich unbewusst immer wieder einen solchen streitsüchtigen Partner oder sie trennen sich ebenfalls nicht, wegen ihrer eigenen Kinder.

So können Kinder ihren Weg eventuell nicht wahrhaftig gehen, da hier ein Muster entstehen kann, das über mehrere Generationen hindurch bestehen bleiben kann, bis es gelöst und geheilt wird. Zudem weiß keiner, ob sich diese Kinder vor diesem Leben nicht vorgenommen haben, durch eben diese Erfahrung der Trennung der Eltern zu lernen und sich dadurch weiterzuentwickeln.

Es gab auch schon Fälle, in denen bei manchen Menschen durch den Seelenpartner deren vorhandenes Familienleben wieder harmonischer und die Liebe zum gegenwärtigen Partner wieder stärker geworden ist. Hierbei kommt es ganz darauf an, was in den Seelenplänen dieser Menschen geschrieben steht. Der vorrangigste Grund, warum sich beide Seelenpartner im Leben begegnet sind ist, dass man überhaupt erst mal eine Lebensüberprüfung vornehmen kann, da einem durch den Seelenpartner der Spiegel vorgehalten wird und durch diese Verbindung alle Täuschungen und Selbsttäuschungen ans Tageslicht kommen.

„Der Verstand kann uns sagen, was wir unterlassen sollen, aber das Herz kann uns sagen, was wir tun müssen."
(Joseph Joubert)

Sobald der männliche Seelenpartner Vertrauen und Ehrlichkeit gegenüber sich selbst, seinem weiblichen Seelenpartner und auch anderen Menschen gelernt hat, wird er verstehen, warum dies alles so in seinem Leben vor sich geht und er auf seine Seelenpartnerin getroffen ist.

Seelenpartner begegnen sich häufig, wenn einer der Partner, oder vielleicht sogar beide, noch gebunden sind. Das Universum hat das genau so eingerichtet, dass diese Seelenpartner sich in einer Zeit treffen, in der es in ihrer jeweiligen Ehe oder Partnerschaft schon länger kriselt und man sich am Partner geistig einfach nicht mehr weiterentwickeln kann oder man die Beziehung zu einem vergangenen Partner noch nicht verdaut hat. Würden sich die Seelenpartner kennenlernen, wenn beide frei wären, könnten die entsprechenden Lernaufgaben nicht verstanden und gemeistert werden.

Ein Mensch kann nichts dafür, „wo die Liebe hinfällt", denn das ist ein unkontrollierbares Ereignis, das unbewusst stattfindet. Man interessiert sich immer dann für einen Menschen, oder verliebt sich in diesen, wenn das Höhere Selbst (die Seele) merkt, dass durch diesen anderen Menschen etwas gelernt werden kann oder man sich durch ihn persönlich weiterentwickelt.

Es besteht also die Möglichkeit, dass die Seelenpartner noch an ihrer vorhandenen Ehe oder Partnerschaft festhalten, andererseits aber fremd gehen. Daran erkennt man, dass die bestehende Partnerschaft eingeschlafen ist oder nur noch aus verschiedenen anderen Gründen aufrecht erhalten wird. Wenn es eine glückliche Partnerschaft wäre, könnte in diese auch kein Außenstehender eindringen.

Oft hält man an materiellen Dingen fest oder nimmt zu viel Rücksicht auf die anderen, und bestraft sich dadurch letztendlich selbst, da man nicht fähig ist Entscheidungen zu treffen, indem einen zu viele Ängste beherrschen. „Was könnten die anderen sagen?", „Was halte ich dann von mir selbst?", „Wie geht es dann weiter?", usw., usw.

Um die Lernaufgaben nicht noch weiter hinauszuschieben, ist auch darauf zu achten, sich auf den Seelenpartner nicht sexuell einzulassen, solange er noch gebunden ist. (Mit gebunden ist gemeint, was zwischen den Partnern ausgemacht ist und nicht das, was auf dem Papier steht.)

Dadurch kann zusätzliches negatives Karma verhindert werden, welches ansonsten durch das intime Einlassen auf den gebundenen Seelenpartner entstehen würde. Durch das Einlassen auf einen gebundenen Partner könnte gleichzeitig eine Unehrlichkeit in deinem Energiefeld entstehen, da er womöglich seine Partnerin belügt. Dies wäre absolut nicht empfehlenswert, da eure Beziehung ansonsten auf der Grundlage von Unehrlichkeiten beginnen würde, was sich dann auch durch eure ganze Beziehung hindurchziehen kann. Für denjenigen, der andere hintergeht, wird es durch solche Handlungen auch schwerer, Ehrlichkeiten in seinem Leben anzuziehen.

Vor allem ist es gerade für den weiblichen Seelenpartner wichtig, in ihrer Weiblichkeit und ihrem Selbstwert zu bleiben, was durch eine Affäre mit dem Seelenpartner genau dadurch verhindert würde. Somit könnte sich die erfüllende Partnerschaft oder das vorgenommene Seelenziel weiter hinauszögern, da sie durch das einlassen auf eine Affäre entgegen ihrer eigenen Lernaufgaben handelt.

VERHALTENSWEISEN, DIE SIE MÖGLICHST GEGENÜBER DEM MÄNNLICHEN SEELENPARTNER VERMEIDEN SOLLTE, WENN SIE SICH NOCH IN DER BEDÜRFTIGKEIT ZU IHM BEFINDET

- *Sie sollte den männlichen Seelenpartner auf keinen Fall bedrängen, erpressen oder vor die Wahl stellen, da er sich sonst noch mehr zurückziehen könnte. Es ist ganz wichtig, ihm die Zeit zu lassen, die er für seine Entwicklung und das Überwinden seiner Ängste braucht.*
- *Sie sollte nicht jedes Mal in Depressionen und Zweifel fallen, wenn er sich oft gegensätzlich zu dem verhält, was er sagt. Dieses Verhalten von ihm ist ganz natürlich, wenn er Angst vor den zu starken Gefühlen zu ihr hat.*
- *Sie sollte sich nicht aufgeben, nur weil er noch nicht so schnell auf sie zukommt, denn auch er braucht seine Entwicklungs- und Reifezeit, genau wie sie.*
- *Sie sollte sich nicht auf Intimitäten einlassen, solange der männliche Seelenpartner oder sie noch gebunden sind, denn das würde alles nur verlängern und komplizierter machen – mit solch einem Verhalten kann sie keine Leichtigkeit und Ehrlichkeit anziehen.*
- *Sie sollte die Situation mit ihm nicht gleich bewerten oder beurteilen, sondern in einem Beobachtungsstatus bleiben.*

Weitere Verhaltensweisen, die sie möglichst vermeiden sollte, sind ausführlicher in meinen Büchern beschrieben.

FRAGEN UND ANTWORTEN

WIE ERKENNT MAN DEN SEELENPARTNER?

Ist man in eine besondere Verbindung mit einem Seelenpartner geraten, so haben meist beide Partner in der Beziehung wichtige Aufgaben zu erfüllen. Beide haben sich einen speziellen Seelenplan zurechtgelegt und eine intensive oder einzigartige Verbindung, durch die sich jeder Einzelne stark weiterentwickeln kann. In dieser besonderen Verbindungen kann man oft folgende Besonderheiten erkennen:

- *Wenn man diesen Menschen einfach nicht mehr aus dem Kopf bekommt, auch falls man jahrelang keinen Kontakt mehr zueinander hat.*
- *Wenn man monate- bis jahrelang morgens in Gedanken mit ihm aufsteht und abends mit ihm schlafen geht.*
- *Wenn bei beiden viele Synchronizitäten stattfinden wie z.B. gleiche Interessen, gleiche Gegenstände, gleicher Geschmack, gleiche Hobbies, gleiche Wohnsituation, gleiche Erfahrungen, gleiche Eigenschaften, gleiche Körpermerkmale, gleiche Erlebnisse, usw.*
- *Wenn beide zur selben Zeit dieselben Dinge tun oder vorhaben, ohne dass der andere davon weiß.*
- *Wenn beide eine telepathische Verbindung zueinander haben.*
- *Wenn man spürt, wie es dem anderen geht, obwohl er nicht in der Nähe ist.*
- *Oft habe ich auch beobachtet, dass man eine Freundin oder einen Freund hat, bei dem sich scheinbar genau dasselbe fast zeitgleich ereignet.*

WARUM GEHT SIE ZUERST DURCH DIESE ART VON "HÖLLISCHEN" SEELENQUALEN?

Wenn zwischen den beiden noch altes Karma aus einem oder mehreren früheren Leben existiert, dürfen diese Seelenqualen zum Abbau des Karmas (Ausgleich) zwischen diesen beiden Partnern durchschritten werden. Gleichzeitig werden alte Schattenseiten, Egostrukturen und Muster ans Tageslicht geholt, welche somit bewusst gemacht und aufgelöst werden können.

Es sind zudem auch keine richtigen "höllischen" Seelenqualen, sondern alte ungeheilte Wunden und unbewusste Muster und Schmerzen aus der Vergangenheit, die durch das Aufeinandertreffen der Seelenpartner nach kurzer Zeit an die Oberfläche kommen, und in der Vergangenheit noch nicht angeschaut und geheilt wurden.

Durch das Hervorbrechen dieser alten niederen Strukturen suggeriert uns das Ego, dass es diese alten Themen gar nicht heilen möchte und der Mensch nimmt dieses dann als sehr qualvoll wahr. Da wir Schmerzen und unangenehme Dinge nicht wirklich mögen, schieben wir diese, wann immer sie durch die häufige Erfahrung der Ablehnung durch das Gegenüber aktiviert werden, einfach weg oder möchten damit nicht konfrontiert werden.

Genau dadurch beginnt dann der Teufelskreis und das Hinziehen der eigentlichen Lernaufgaben. Durch das verdrängen dieser Emotionen und unangenehmen Gefühle schieben wir die ganze Sache für uns wiederum hinaus.

So wie der männliche Seelenpartner seine starken Gefühle zum weiblichen Seelenpartner wegschiebt und verdrängt, so schiebt auch oft sie die negativen Gefühle, die meist mit Verlustängsten, mangelndem Selbstwert oder auch Angst vor Ablehnung verbunden sind, weit von sich weg, anstatt diese anzunehmen und dadurch zu heilen.

Es ist sehr wichtig, sich mit unangenehmen Gefühlen und Emotionen auseinanderzusetzen und diese freiwillig zu beachten. Kommen sie hoch, besteht die schnellste und einfachste Form an diese heranzukommen darin, sie anzunehmen, freiwillig zu durchleben, also zu fühlen und dadurch zu heilen. Damit sieht man seinen Ängsten direkt ins Auge. Je mehr sie weggeschoben werden, desto öfter und heftiger müssen sie immer wieder auftauchen, da die eigene Seele diese endlich heilen möchte, um sich weiterentwickeln zu können.

Ungeheilte Aspekte, Muster und Themen des aufgebauten Karmas aus diesem und auch früheren Leben können sich dann zu einem „Brei" zusammenmischen, der als wahrhaftig leidvoll gefühlt, und oft auch als eine Art von "höllischen" Seelenqualen erlebt wird.

Gibt es noch ungelöstes bzw. zu heilendes Karma zwischen beiden Seelenpartnern, so hat man in diesem Leben durch die Begegnung die beste Möglichkeit, dieses endlich zu heilen. Es ist ratsam, darauf zu achten, dass sich beide nicht wieder erneutes Karma zueinander schaffen, wie z.B. durch Unehrlichkeit, geheime Affären oder aber auch Racheakte. Dadurch kann die karmische Belastung schwer weniger werden, da immer wieder neues dazu kommt (möchte man Schulden abbauen ist es auch nicht empfehlenswert, neue Kredite aufzunehmen bzw. weitere Schulden zu machen). Hierdurch kann die Heilung beider und das Erreichen des Seelenzieles dieser Verbindung sich noch länger hinauszögern, was die Verbindung dann oft noch komplizierter macht, als sie es sowieso schon ist.

Das klingt zwar alles sehr qualvoll und kompliziert, jedoch ist es normal, dass wir auf dem Weg zu uns selbst immer wieder geprüft werden. Jeder Einzelne entscheidet selbst, wie lange diese Seelenqualen anhalten und wie ehrlich er zu sich selbst auf diesem Weg ist und bleibt. Ab dem Moment, indem die Lernaufgaben und Themen aus dem Inneren hochkommen und angenommen und bejaht werden, anstatt sich dagegen zu wehren, werden diese Qualen immer weniger und Heilung kann endlich stattfinden.

WARUM FÄLLT SIE IMMER WIEDER IN DIESES LOCH?

Dies gehört zu den Lernaufgaben dazu. Nur dadurch kann sie lernen, damit umzugehen und leichter in ihrer Mitte zu bleiben. Je schneller sie lernt, mit diesen Gefühlsrückfällen klar zu kommen und diese auch anzunehmen, desto schneller werden diese wieder vergehen.

WAS KANN MAN MACHEN, WENN MAN WIEDER ZWEIFEL BEKOMMT?

Wenn man wieder Zweifel bekommt, ob man zusammengehört – und diese Zweifel wird man definitiv immer wieder bekommen, da es sich dabei um Prüfungen des Universums handelt – kann man Folgendes machen:

Bitte das Universum, die Engel oder Gott um Hilfe und ein klares Zeichen für dich, z.B.:

- *Bitte um ein Zeichen für dich, ob ihr beide tatsächlich zusammengehört.*
- *Bitte um ein Zeichen für dich, ob es sich für dich lohnt, deine Hoffnung in Bezug auf diese Verbindung weiter zu behalten.*
- *Bitte um ein Zeichen, um auf Dinge aufmerksam zu werden, die für dich in dieser Sache wichtig sind und darum, diese auch erkennen zu können.*
- *Bitte um ein Zeichen für dich, ob du dich noch auf deinem stimmigen Seelenplan befindest.*

- *Oder bitte die Engel darum, dich sanft wieder auf deinen stimmigen Seelenweg zurück zu führen.*

Noch ratsamer wäre es keine Bitte, sondern Dankbarkeit für das Schicken dieser Zeichen auszusenden. Dies kann man beispielsweise in folgender Form tun:

„Vielen Dank dafür, dass ich dieses oder jenes Zeichen erhalte".

Dann signalisieren wir keine Bedürftigkeit oder zu starken Mangel, sondern wir strahlen bereits Dankbarkeit aus in der Gewissheit und dem Vertrauen, dass wir das Zeichen sicher erhalten und dankbar dafür sind. Dies ist eine der stärksten Möglichkeiten, sich die Dinge anzuziehen, die man gerne haben möchte.

Ein zu häufiges und intensives, und vor allem bedürftiges Erbitten der Erfüllung eines Wunsches kann bewirken, dass wir eine Mangelenergie ausstrahlen und somit dem Universum wieder suggerieren, dass wir uns etwas wünschen, das wir nicht haben. Somit bleiben wir in der Mangelenergie stecken.

Natürlich kann man auch öfter um verschiedene Zeichen bitten, aber wie gesagt kann ich hierzu nur empfehlen, diese Bitte oder den Wunsch dann gleich wieder freizulassen oder ihn in einer fülleerfüllten Energie der Dankbarkeit auszusenden.

WO UND WANN BEKOMMT MAN DIE „ZEICHEN"?

Meistens werden die Zeichen so gesendet, dass sie im Außen zu erkennen sind, außer man hat bereits schon einen tieferen Zugang zu seinem Höheren Selbst (seiner Seele). In diesem Fall können die Informationen und Botschaften dann sogar auch im Inneren als Hellwissen auftauchen oder mit dem sogenannten geistigen Auge gesehen werden.

Jedoch bekommen die meisten zu Beginn dieses Weges ihre Zeichen im Außen, wie beispielsweise in Form von Autoschildern, Straßenschildern, Fernsehen, Radio, Plakaten, Buchtiteln, Zeitungsausschnitten usw. Alles geschriebene, bildlich gezeigte oder gehörte, manchmal auch bei anderen Menschen in der eigenen Umgebung in deren Verhalten zu Beobachtende, kann einem diese Zeichen aufzeigen.

Beispiele:

- *Man denkt gerade über seinen Seelenpartner nach und auf einmal spielen sie ein Lied im Radio, welches man mit ihm in Verbindung bringt.*
- *Es wird sein Name im Radio oder Fernsehen erwähnt.*
- *Eine Sendung im Fernsehen, oder ein Song im Radio erzählt genau die gemeinsame Geschichte oder ein Mensch wird gezeigt, der dem Seelenpartner sehr ähnlich sieht.*
- *Ständig fahren Autos an einem vorbei, mit seinen Initialen auf dem Autoschild.*
- *Auf einem riesen Plakat steht sein Name oder genau das, was man mit ihm immer in Verbindung bringt (z.B. Krone, eine bekannte Persönlichkeit, ein Tier, ein bestimmter Gegenstand oder ein Symbol).*

Weitere Arten von Zeichen und wie diese genau funktionieren, werden in meinem Buch Wahrheit Seelenpartner Teil 1 genauer beschrieben.

WENN DIE PARTNERSCHAFT DAS ZIEL IST

Wenn beide ihre Lernaufgaben gemeistert haben, werden sie automatisch vom Universum zusammengeführt. Die Anziehungskraft zwischen ihnen besteht nun aus harmonischen Energien, damit endlich eine Partnerschaft gelebt werden kann. Meistens hat der weibliche Seelenpartner schneller die nötigen Lernaufgaben gelernt und der männliche hinkt oft noch ein wenig mit seinen Lernaufgaben hinterher.

Jetzt darf der weibliche Seelenpartner wieder geduldig sein, ohne sich dabei in das „Wartezimmer" zu setzen. Damit meine ich, dass sie ihr Leben ganz normal in Freude weiterlebt, denn sie hat bereits die Geduld und das Vertrauen zum größten Teil gelernt, was sie daran merkt, dass sie auf einmal sehr viel mehr davon in vielen anderen Bereichen ihres Lebens hat. Ihre Bedürftigkeit ist zu diesem Zeitpunkt meist verschwunden und Sehnsuchtsgefühle existieren so gut wie keine mehr.

Am Ende der wichtigsten Lernaufgaben wird beiden Seelenpartnern bewusst, was sie genau durch den anderen gelernt haben. Ebenfalls hat jeder seine privaten Verhältnisse geregelt. Erst dann können sie sich in harmonischer Weise wieder anziehen.

Aus diesem Grund empfehle ich jedem, dankbar dafür zu sein, wenn sich das Zusammenkommen dieser Verbindung etwas hinzieht, denn würden beide ziemlich schnell in eine Partnerschaft gehen, wären die Energien oft zu extrem. Beide würden dann wahrscheinlich genauso schnell und plötzlich wieder getrennt werden. Oft passiert es, dass bei solchen Verbindungen mehrmalige Beziehungs- und Trennungsphasen stattfinden (On-Off-Beziehung).

In einem solchen Fall sind die Lernthemen noch extremer und meistens auch mit vielen Machtspielchen verbunden. Hierbei rate ich vorsichtig zu sein, damit man durch die zu schnelle Entwicklung mit heftigst hochkommenden Emotionen nicht in der psychiatrischen Anstalt landet.

DAS ERLEBEN IN DER HARMONISCHEN SEELENPARTNERSCHAFT

Haben beide ihre Lernaufgaben gemeistert und keiner fällt mehr in bestimmte alte Muster zurück, kann die ersehnte Partnerschaft endlich gelebt werden und ist mit keiner anderen Partnerschaft vergleichbar. Beide schätzen sich aus ganzem Herzen und haben so eine große Liebe zueinander, dass sie ein komplett neues, erfülltes Leben führen. Genauso haben sich beide in ihrer Energie erhöht, und beschreiten dadurch gemeinsam den Weg der Spiritualität/des Erwachens. Sie können sich gegenseitig das bieten, was sie sich bislang nur erträumt haben. Jeder Wunsch wird automatisch von den Augen des anderen abgelesen. Man fördert und unterstützt sich gegenseitig, wo es nur geht, und kann gemeinsam Dinge im Leben erreichen, die man alleine nie geschafft hätte.

Hierzu zählen vor allem auch die Themen Beruf und Berufung. Denn beide können in der gemeinsamen Partnerschaft mehr erreichen und erfolgreicher in ihrem Beruf/ihrer Berufung sein, vorausgesetzt sie haben vorher schon dementsprechende Schritte eingeleitet (Fuß gefasst) und sich vorher auch nicht von ihrer Aufgabe durch den anderen ablenken lassen.

Beide erwarten in der Partnerschaft neue Lernaufgaben, welche einfacher und harmonischer sein werden, da man jetzt bewusst gemeinsam daran arbeitet und sich gegenseitig ermutigt, statt vor lauter Angst vor dem anderen davonzulaufen.

Gleichfalls können beide Seelenpartner gemeinsame neue Ziele und Projekte hervorbringen, die beide entstehen lassen oder in die Welt bringen dürfen. Dies sind oft Partnerschaften, die sehr lange oder sogar das ganze Leben lang halten können. In diesem Fall kann man anderen gleichzeitig ein großes Vorbild sein, für den Umgang miteinander in einer Partnerschaft. Dies bedeutet ebenso einen großen Beitrag für die Menschheit, denn es hilft anderen Menschen sich schneller weiterzuentwickeln, zu reifen und ebenfalls ihre Energien leichter zu erhöhen.

WENN DER WEG DER ENTWICKLUNG DAS ZIEL IST

Haben sich beide Seelen diesen Weg mit dem Ziel der Entwicklung ohne eine Partnerschaft gewählt, besteht beim weiblichen Seelenpartner trotzdem oft der Wunsch nach genau dieser Partnerschaft. Würde dieses Bedürfnis nicht bestehen, könnte sie sich ihre Lernaufgaben nicht ansehen. Somit könnte sie ihre Bedürftigkeit, Ungeduld und ihren mangelnden Selbstwert nicht transformieren.

Eines ist definitiv klar:

Hat sie ihre Lernaufgaben in Bezug auf ihren Seelenpartner gemeistert, wird sie am Ende nicht traurig oder unzufrieden sein, wenn es sie nicht in eine gemeinsame Partnerschaft führt. Alleine für ihre neu erworbenen Fähigkeiten und ihre große Weiterentwicklung hat sich dieser Weg auf jeden Fall gelohnt. Und wer weiß? Vielleicht taucht ja noch ein weiterer Seelenpartner auf, mit dem eine Partnerschaft in den Seelenplänen steht? Da sie durch den ersten Seelenpartner einiges gelernt und sich weiterentwickelt hat, braucht sie die Dinge die sie bereits gelernt hat, bei dem neuen Seelenpartner nicht zu wiederholen. Dort kann es dann oft schneller und einfacher vorangehen und eine harmonische Partnerschaft erreicht und gelebt werden.

WORAN ERKENNT MAN, DASS BESTIMMTE LERNAUFGABEN BEENDET SIND?

Haben beide ihr gemeinsames Karma aufgearbeitet und ausgeglichen, spüren beide Partner keine Resonanz (Wiederklang) mehr in bestimmten Situationen zueinander, in denen sie in der Vergangenheit noch extrem oder auf besondere Weise reagiert hätten. Gibt es beispielsweise noch eine negative Resonanz zum anderen, ist etwas im Inneren noch nicht erkannt, angenommen und geheilt worden. Sollten beide noch eine Resonanz zueinander haben, obwohl beide der Meinung sind, es wäre vorbei, sind die Lernaufgaben entweder noch nicht fertig bearbeitet oder die Partnerschaft ist vielleicht doch noch das Ziel.

WANN KOMMT ER AUF SIE ZU?

Wie schnell der jeweilige Partner auf einen zukommt, bestimmt letztendlich jeder selbst mit. Je schneller man seine Lernaufgaben annimmt und diese meistert, desto schneller kann das Gegenüber in Resonanz dazu gehen und die Wiederholungsmuster hören somit auf.

Nach meinen Beobachtungen ist es so, dass beide bestimmte Lernaufgaben zu meistern haben, bevor sie sich wieder anziehen können. Oft ist sie diejenige, die zuerst damit beginnt, sich bestimmte Themen und Muster anzuschauen und diese zu heilen, bevor er überhaupt erst richtig in die Gänge kommen kann. Dies hat damit zu tun, dass sie auch meist zu Beginn diejenige ist, die diese Sache voranbringen möchte und bewusster an ihrer Weiterentwicklung arbeitet, als er dies tut. Er weiß oft noch nicht einmal, dass es sich hierbei überhaupt um Lernaufgaben handelt.

Aus diesen Gründen sind die weiblichen Seelenpartner auch diejenigen, die zuerst viel Kraft und Geduld in ihre eigenen Lernaufgaben geben dürfen, damit überhaupt etwas vorwärts gehen kann. Der männliche Seelenpartner zieht oft erst später hinterher, da er erst einige Zeit mit seiner Verdrängung beschäftigt ist. Dadurch wird es ihr ermöglicht, sich mit ihren Mustern zu befassen. Hat sie bestimmte Lernaufgaben gemeistert, erhält er dadurch einen Impuls auf Seelenebene, wieder ein Stückchen auf sie zuzugehen.

Kommt er dann ein Stückchen auf sie zu und sie fällt daraufhin wieder in ihre alten Muster, zieht sich der Seelenpartner höchstwahrscheinlich wieder von ihr zurück. Dies kann so oft passieren, bis sie gelernt hat, nicht mehr in ihre alten Muster zurückzufallen.

Sind beide in ihrer Entwicklung schon gut vorangeschritten, kann es auch vorkommen, dass sie nicht mehr in bestimmte Muster zurückfällt, er sich aber trotzdem wieder zurückzieht oder in seinem Rückzug verharrt. Ist dies der Fall, spürt sie häufig, dass er die Gefühle zu ihr nicht mehr verdrängt, aber ihn seine Ängste noch von der Handlung zurückhalten. Fällt sie nun aber nicht mehr in bestimmte alte Muster zurück, kann sie mit dieser Situation viel entspannter umgehen, da sie genau fühlt, was hier passiert und sie die Geduld bereits gelernt hat. Haben sich beide im Seelenplan die Partnerschaft erwählt, wird er auf sie zukommen, sobald er sich seinen Ängsten gestellt und diese überwunden hat.

WENN SICH DER MÄNNLICHE SEELENPARTNER AUF ANDERE FRAUEN EINLÄSST

Dann darf sie lernen, mit dieser Situation zurecht zu kommen. Das bedeutet nämlich gleichzeitig, dass sie ein weiteres Lernprogramm hat, und zwar ihre hochkommende Eifersucht in den Griff zu bekommen bzw. anzunehmen, um sie wiederum heilen zu können. Ihre Seele zeigt ihr damit, dass sie sich noch nicht in ihrem Selbstwert und im Vertrauen befindet.

Seine Lernaufgabe bei dem Ganzen ist, zu erkennen, dass er noch so viel und lange nach anderen Frauen mit denselben Gegebenheiten suchen kann (dies tut er unbewusst), diese aber nicht finden wird. Nur dadurch kann er auch verstehen und lernen, dass diese Verbindung so intensiv und einzigartig ist und lernt hierbei gleichzeitig, diese anzunehmen.

Meistens sucht er unbewusst, manchmal auch bewusst, nach dem Beweis, dass er nicht verrückt ist. Diesen Beweis wird er zwar nicht finden, aber dies kann ihm nur bewusst werden, wenn er es ausprobiert - und das kommt dann nur wieder dem weiblichen Seelenpartner zugute.

An diesem Punkt habe ich beobachtet, dass er gerne Frauen aussucht oder anzieht, die dem weiblichen Seelenpartner entweder sehr ähnlich sehen oder ähnliche Charakterzüge haben. Oft macht er sich hierbei zwar etwas vor, braucht dies aber meist, um seine eigene Wahrheit zu erkennen und zu finden. Denn diese andere Frau (oft eine Prüfungskandidatin) ist vielleicht am Anfang sehr interessant, aber mit der Zeit lässt die Beziehung zu ihr aufgrund mangelnden Interesses, abnehmender Gefühle und Intensität nach.

Dass er sich auf eine andere Frau einlässt kann zwar für den weiblichen Seelenpartner sehr schmerzhaft sein, da sie ja dachte, er schafft es endlich zu ihr. Allerdings erkennt sie dadurch, dass beide noch nicht so weit sind, sich auf diese intensive Verbindung einzulassen.

Dieses Thema gehört dann wieder zu ihren Lernaufgaben des Annehmens und des Selbstwertes. Würde er diese Erfahrung mit der anderen Frau nicht machen, könnte er ja auch nicht herausfinden, dass letztendlich seine Seelenpartnerin die Richtige und das passende Ergänzungsstück zu ihm ist.

Anmerkung:

Egal ob es der Karmische Partner, Seelenpartner, die Zwillingsseele oder auch die Dualseele ist - die Lernaufgaben bei diesen Seelenverbindungen bleiben in der Regel die gleichen. Je mehr man sich darauf fixiert, was „er" oder „sie" sein könnte oder sollte, desto weiter kann man sich von den eigenen Lernaufgaben entfernen.

Wichtig ist es, bei sich selbst zu bleiben und die volle Verantwortung für die eigenen Aufgaben zu übernehmen, denn die persönliche Weiterentwicklung ist hierbei das höchste Seelenziel. Natürlich kann es beim Erkennen des eigenen Selbst hilfreich sein zu wissen, um was für eine Art von Beziehung es sich handelt, um leichter damit umgehen zu können. Doch am Ende ist es immer die Liebe, die zwei Menschen miteinander verbindet, egal ob beide im Seelenplan die Partnerschaft oder aber den Weg der Entwicklung als Ziel gewählt haben.

Also viel Glück beim Lösen deiner Lernaufgaben!
Deine Gabriele Hannemann

„Will dir heute nichts gelingen,
Höre auf, es zu erzwingen!
Kannst du heute nicht begreifen,
Lass dich ruhig weiter reifen!
Was dir heute noch verborgen,
Wird dir klar – vielleicht schon morgen!"
(BO YIN RA)

MEINE ARBEIT UND ERREICHBARKEIT

Welche Dinge kann ich für dich in einem Kartenbild erkennen?

- *In welcher Phase ihr beide euch befindet, ob die Lernaufgaben zueinander stocken oder nach Plan laufen.*
- *Ob du selbst oder dein Seelenpartner beziehungsfähig ist*
- *Ob es noch andere Menschen in Verbindung gibt, die noch nicht verarbeitet bzw. im Inneren freigelassen wurden.*
- *Was du verändern kannst, damit die Lernaufgaben wie geplant weiter vorangehen.*
- *Ob dein Seelenpartner ehrlich zu dir ist.*
- *Was in deinen speziellen Seelenpartnerphasen zu beachten ist.*
- *Was es noch zu erledigen gibt, bevor es bei euch weitergehen kann.*
- *Wie du lernst, dich abzugrenzen.*
- *Ob bei euch die Rollen eventuell vertauscht sind.*
- *Welche Prüfungen vom Universum eventuell noch bevorstehen oder nicht bestanden wurden.*
- *Ob es unehrliche Personen in deinem Umfeld gibt.*
- *Welche Dinge du noch bearbeiten darfst, um weiter zu kommen, egal in welchem Bereich.*
- *Worauf du achten darfst, wenn du dich spirituell entwickeln möchtest und wie du dort vorwärts kommst.*
- *Weitere Spezialgebiete von mir sind: spirituelle Weiterentwicklung, Autokauf (Auto in Ordnung oder Vorsicht – versteckte Mängel), Wohnung (Blockaden, versteckte Mängel), Aufdecken von Unwahrheiten usw.)*

Auf meiner Homepage sind viele weitere Informationen zu Karmischen Partnern, Seelenpartnern, Zwillingsseelen, Dualseelen und auch allgemeine spirituelle Themen vorhanden, genauso auch Bücher- und Film-Empfehlungen.

AUFRUF AN ALLE, DIE IHR ZIEL IN DER SEELEN-VERBINDUNG ERREICHT HABEN:

Hast du dein Ziel mit deiner Seelenverbindung bereits erreicht? Seid ihr in einer Partnerschaft oder war bei euch nur der Weg das Ziel? Dann kannst du auf meiner Homepage auch gerne deine Geschichte für andere veröffentlichen (auch anonym). Dadurch kann anderen Mut und Vertrauen geschenkt werden, diesen Weg weiter durchzuhalten. Du kannst deine Geschichte auch selbst veröffentlichen unter:

http://www.gabriele-hannemann.de/2013-05-17-13-19-02/erfolgsgeschichten.html

Genauso freue ich mich auch persönlich über deine Geschichte.

AUFRUF AN ALLE, DIE EXTREME ODER UNGLAUB-LICHE SYNCHRONIZITÄTEN MIT IHREM SEELEN-PARTNER ERLEBT HABEN:

Hast du mit deiner Seelenverbindung spezielle Synchronizitäten erlebt? Auch hier freue ich mich, wenn du mir deine Geschichte schickst. (Bitte hinterlasse hierzu deine Kontaktmöglichkeit, falls ich hierzu noch Fragen haben sollte, deine Kontaktdaten werden natürlich nicht veröffentlicht und deine Geschichte anonym behandelt). Bitte schicke mir deine Geschichte entweder per Post an das unten angegebene Postfach oder an folgende E-Mail-Adresse:

deinegeschichte@gabriele-hannemann.de

AUFRUF AN ALLE MÄNNLICHEN SEELENPARTNER:

Hiermit möchte ich gerne noch einmal alle männlichen Seelenpartner aufrufen, mir zu schreiben und mir ihre Seite der Geschichte zu erzählen.

- *Wie empfindest du diese Verbindung zu deinem weiblichen Seelenpartner?*
- *Wie gehst du damit um?*
- *Hast du dich in meinem Ratgeber erkannt oder wiedergefunden?*
- *Was hält dich persönlich davon ab, auf deinen weiblichen Seelenpartner zuzugehen?*

Diese und alle weiteren Fragen, Bedenken, Gedanken oder Empfindungen kannst du mir schreiben, wenn du dies magst. Natürlich kannst du dies auch anonym machen, wenn dir das lieber ist. Mich interessieren einfach nur deine Meinungen oder deine Erfahrungen und Empfindungen dazu, damit beiden Seelenpartnern besser geholfen werden kann. Vielleicht wird von mir tatsächlich noch ein Buch für die männlichen Seelenpartner entwickelt… wer weiß?

Bitte schicke mir deine Geschichte entweder per Post an das unten angegebene Postfach oder an folgende E-Mail-Adresse:

deinegeschichte@gabriele-hannemann.de

Vielen Dank - deine Gabriele Hannemann

KONTAKT:

Diejenigen, die mir schreiben möchten, können dies über folgende Postfachadresse oder per E-Mail tun: (bitte keine handschriftlichen Dokumente, damit ich alles gut lesen kann).

Gabriele Hannemann
Postfach 1127
85749 Karlsfeld

Für Fragen kannst du mir hier schreiben:
info@gabriele-hannemann.de

Für deine Geschichte, schreibe an:
deinegeschichte@gabriele-hannemann.de

Homepage:
www.gabriele-hannemann.de

Beratung buchen:
www.shop.gabriele-hannemann.de

YouTube Kanal:
www.youtube.com/user/gabrielehannemann

Facebook:
www.facebook.com/gabriele.hannemann

Auf meiner Homepage findest du weitere Beiträge zu den Seelenverbindungen, Videos, Infos, Botschaften und Specials.

Dort kannst du auch, wenn du dies magst, eine anonyme Seelenbotschaft an deinen Seelenpartner versenden oder in der Gebetssammlung Gebete abgeben. Genauso kannst du auch beispielsweise in der Dankbarkeits-Truhe (nicht Kummerkasten) deine Dankbarkeit für erreichte oder positive Dinge in deinem Leben abgeben und mit anderen teilen, um noch mehr Dankbarkeit und positives in dein Leben zu ziehen, anstatt dich darüber zu beschweren.

Aus diesem Seelenpartner-Ratgeber sind meine neuen Bücher entstanden, in denen ich umfassender auf die folgenden Inhalte eingehe:

WAHRHEIT SEELENPARTNER TEIL 1: (Die Phasen)
Eine himmlische Verbindung mit höllischen Seelenqualen

ISBN: 978-3-7357-5392-2

- Alle einzelnen zu durchlaufenden Phasen der Seelenverbindung für den weiblichen und den männlichen Seelenpartner.
- Wie erlebt der weibliche Seelenpartner die einzelnen Phasen und was passiert dort?
- Wie erlebt der männliche Seelenpartner die einzelnen Phasen und was passiert dort?
- Welche Verhaltensweisen sie möglichst in ihrer Bedürftigkeit zu ihm vermeiden sollte.
- Welche Themen oft in einer Seelenverbindung vorkommen.
- Die Lernaufgaben des weiblichen Seelenpartners.
- Die Lernaufgaben des männlichen Seelenpartners.
- Viele Fragen und Antworten.
- Viele Tipps und Hilfestellungen, Übungen.
- Viele Beispiele zum eigenen Verständnis.
- Viele Erklärungen aus spiritueller Sicht zur Unterstützung der eigenen Weiterentwicklung.

WAHRHEIT SEELENPARTNER
Eine himmlische Verbindung mit höllischen Seelenqualen

Teil 1: Die Phasen

ISBN: 978-3-7357-5392-2